oideas gael
gleann cholmcille
14/7/19
€16

Foilsithe den chéad uair ag Futa Fata, An Spidéal, Co. na Gaillimhe, Éire
An dara cló © 2017 Futa Fata
Liricí agus ceol: © 2016 Tadhg Mac Dhonnagáin,
nó Tadhg Mac Dhonnagáin/John Ryan, de réir mar atá luaite sa téacs
Léaráidí: © 2016 Christina O'Donovan (An tEarrach); Brian Fitzgerald (An Samhradh);
Tarsila Krüse (An Fómhar); Jennifer Farley (An Geimhreadh)

An leabhar agus an taifeadadh ℗ & © 2016 Futa Fata

ISBN: 978-1-910945-21-6

Pictiúr clúdaigh, páipéir cheangail agus leathanach teidil: © 2016 Tarsila Krüse

Dearadh, idir leabhar agus chlúdach: Karen Carty, Anú Design, Teamhair na Rí

Ár mbuíochas le Clár na Leabhar, Foras na Gaeilge faoin tacaíocht airgid

An Chomhairle um Oideachas Gaeltachta & Gaelscolaíochta

Foras na Gaeilge

Fuair an ghné taifeadta den togra seo tacaíocht ó COGG,
An Chomhairle um Oideachas Gaeltachta agus Gaelscolaíochta

the arts council schomhairle ealaíon   cistiú litríocht artscouncil.ie

Thacaigh an Chomhairle Ealaíon le foilsiú an leabhair seo faoin scéim 'Teideal ar Theideal'

Gach ceart ar cosaint. Ní ceadmhach aon chuid den fhoilseachán seo a atáirgeadh,
a chur i gcomhad athfhála, ná a tharchur ar aon bhealach nó slí, bíodh sin leictreonach, meicniúil,
bunaithe ar fhótachóipeáil, ar thaifeadadh nó eile, gan cead a fháil roimh ré ón bhfoilsitheoir.

Futa Fata,
An Spidéal,
Co. na Gaillimhe.

Fón: + 353(0)91 504 612
Ríomhphost: eolas@futafata.ie
Láithreán: www.futafata.ie

Bliain na nAmhrán

TADHG MAC DHONNAGÁIN

maisithe ag
Christina O'Donovan, Brian Fitzgerald,
Tarsila Krüse agus Jennifer Farley

Futa Fata
An Spidéal

Do mo mháthair a spreag mo spéis sa cheol riamh anall
agus do m'athair, a spreag mo spéis i saol an nádúir

Clár

An tEarrach

Síolta Beaga	2–3
Cá Cá Cá	4–5
Rince Rince Rince	6–7
Péisteogaí	8–9
Slán leis an Earrach	10–11

An Samhradh

Fáinleog Mé	14–15
Gorm Gorm Gorm	16–17
Ceol na Cuaiche	18–19
An Béar Bán Brónach	20–21
Is mise an Bheach	22–23

An Fómhar

Válsa Fómhair	26–27
Ní maith liom an Scoil!	28–29
An Afraic (ar feadh seal)	30–31
Beir ar an Duilleog	32–33
Tomás an tIora Rua	34–35

An Geimhreadh

Ag Siúl	38–39
Ná Dúisigí	40–41
Sneachta	42–43
Nollaig Shona	44–45
Imíonn an tAm	46–47

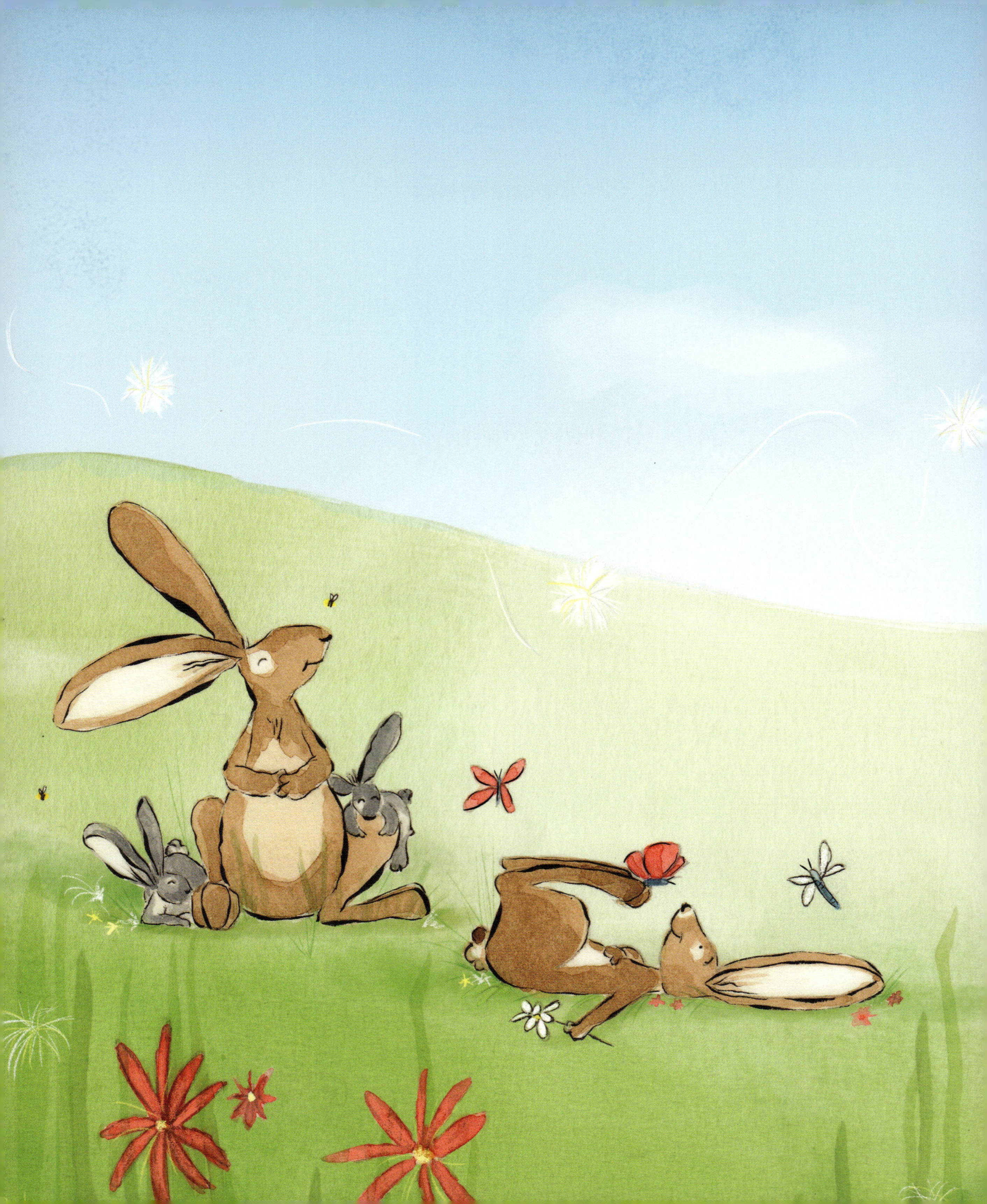

AN tEARRACH

MAISITHE AG CHRISTINA O DONOVAN

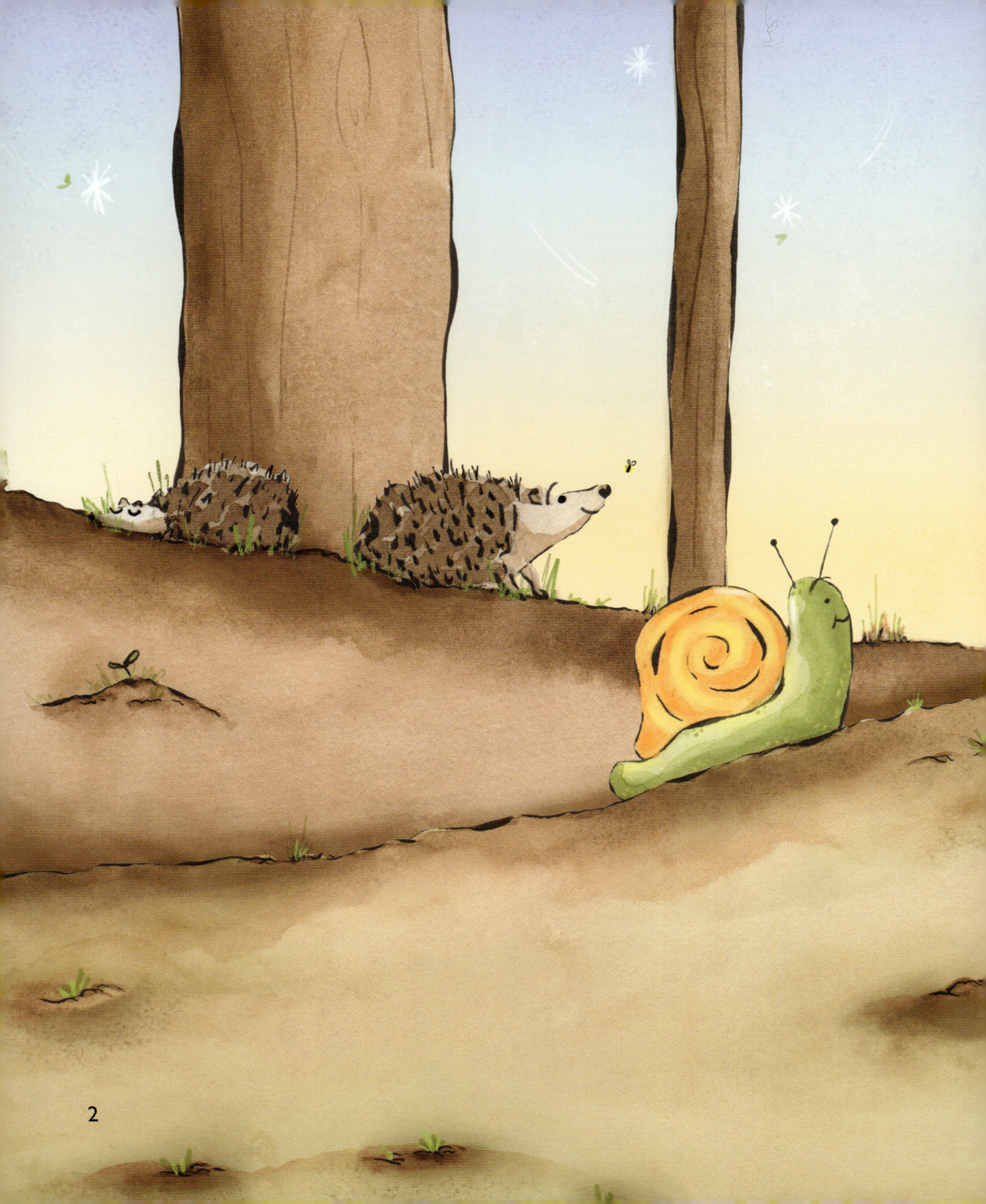

Síolta Beaga

Síolta Beaga a thit den chrann
Sheol an ghaoth iad i bhfad i gcéin
Chodail siad faoin sneachta bán
Chodail siad go tuirseach fann

Anois tá an ghrian ar ais arís
A shíolta beaga, dúisigí!
Tá an tEarrach álainn ann
Fásaigí go láidir ard.

Cá Cá Cá

An gcloiseann tú an gleo ar maidin?
An gcloiseann tú an cá cá cá?
Sin préachán atá fíorshásta
Sin préachán atá i ngrá

Beidh nead acu ar bharr na craoibhe
An préachán is a mhíle grá
Is beidh siad ann ag ceol le chéile
Cloisfidh tú an cá cá cá

Curfá
Cá cá cá
Cá cá cá
Sin préachán atá i ngrá

Is gearr go mbeidh an ubh ag pléascadh
Is siúd amach an babaí breá
Is beidh a Mham 's a Dhaid chomh sásta
Go gcloisfidh tú an cá cá cá

Is deirtear nach bhfuil ceol ag préachán
Ach níl sé ceart ná cóir é sin a rá
Mar níl aon cheol atá chomh binn don phréachán
Le préachán eile ag casadh "cá cá cá".

Curfá (x 2)

Rince Rince Rince

Rugadh uainín beag ar maidin
D'éirigh sé ina sheasamh láithreach bonn
Cos, cos eile, ag siúl anois go stadach
Uainín beag ag breathnú ar an domhan

Curfá

Anois tá sé ag rince, rince, rince, rince, rince
Uainín beag ag rince thiar sa ngleann
Ag rince, rince, rince, rince, rince
Uainín beag ag rince thiar sa ngleann

"Is cuimhin liom," a deir a Mhamaí
"Nuair a rugadh mise, leis, go hóg.
Shiúil mé liom go cúramach i dtosach
Nó gur thosaigh éinín beag ag ceol

Curfá

Is bhí mé ag rince, rince, rince, rince, rince…

Péisteogaí

Éinín beag mé, éinín beag dubh
Nuair a tháinig mé amach as an ubh
Bhí mo Mham is mo Dhaidí
Chomh sásta le rí
Ansin am dinnéir, d'ith muid péisteogaí!

Ó nach iontach an saol é istigh sa nead?
Is gearr go mbeidh mo Mham is mo Dhaid
Ag teacht ar ais arís le tuilleadh bia
Suífidh muid síos anseo
Ag ithe péisteogaí!

Ó coinnigh uaim na burgair is na pónairí
An deoch oráiste is na sceallógaí
Ní shin an dinnéar a ardaíonn mo chroí
Mar b'fhearr liom féinín féin mo bhéile péisteogaí!

Véarsa a 1 arís

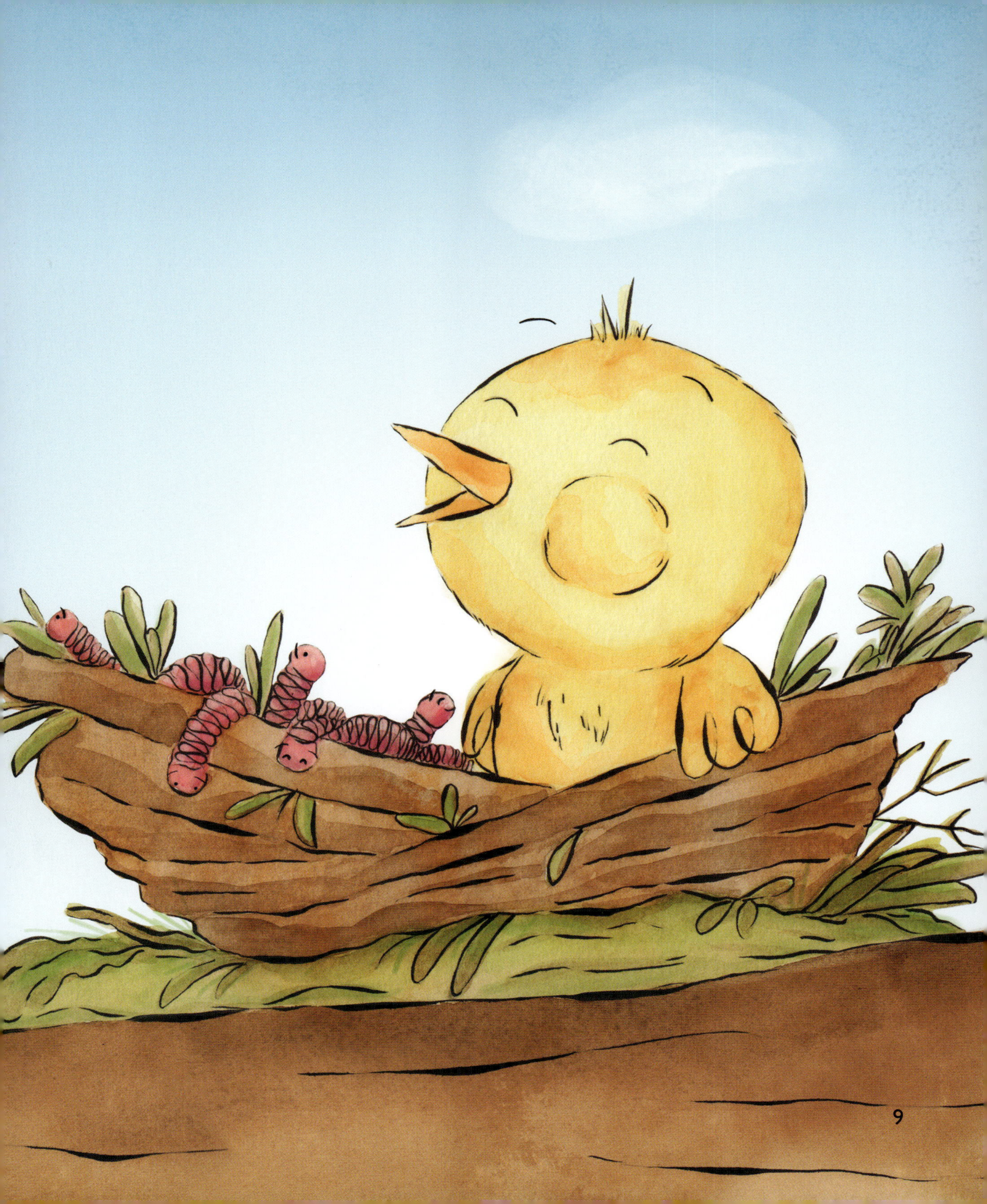

Slán Leis an Earrach

Tá na crainn lán d'éiníní ag canadh
Smaoinigh ar an Samhradh atá romhainn!
Tá an spéir glan is grian mhór ag taitneamh
Smaoinigh ar an Samhradh atá romhainn!

Curfá

Slán leis an Earrach, fáilte roimh an Samhradh
Fáilte roimh an ngrian gheal sa spéir
Slán leis an Earrach, fáilte roimh an Samhradh
Sin a deir an tír seo go léir!

Slán leis na hoícheanta fada
Smaoinigh ar an Samhradh atá romhainn!
Slán leis an ngaoth mhór ag greadadh
Smaoinigh ar an Samhradh atá romhainn!

Uaireanta, beidh sé ag cur báistí
Uaireanta, ní bheidh an lá go deas
Ach uaireanta, beidh an lá go hálainn
Smaoinigh ar an ngrian is an teas!

Curfá

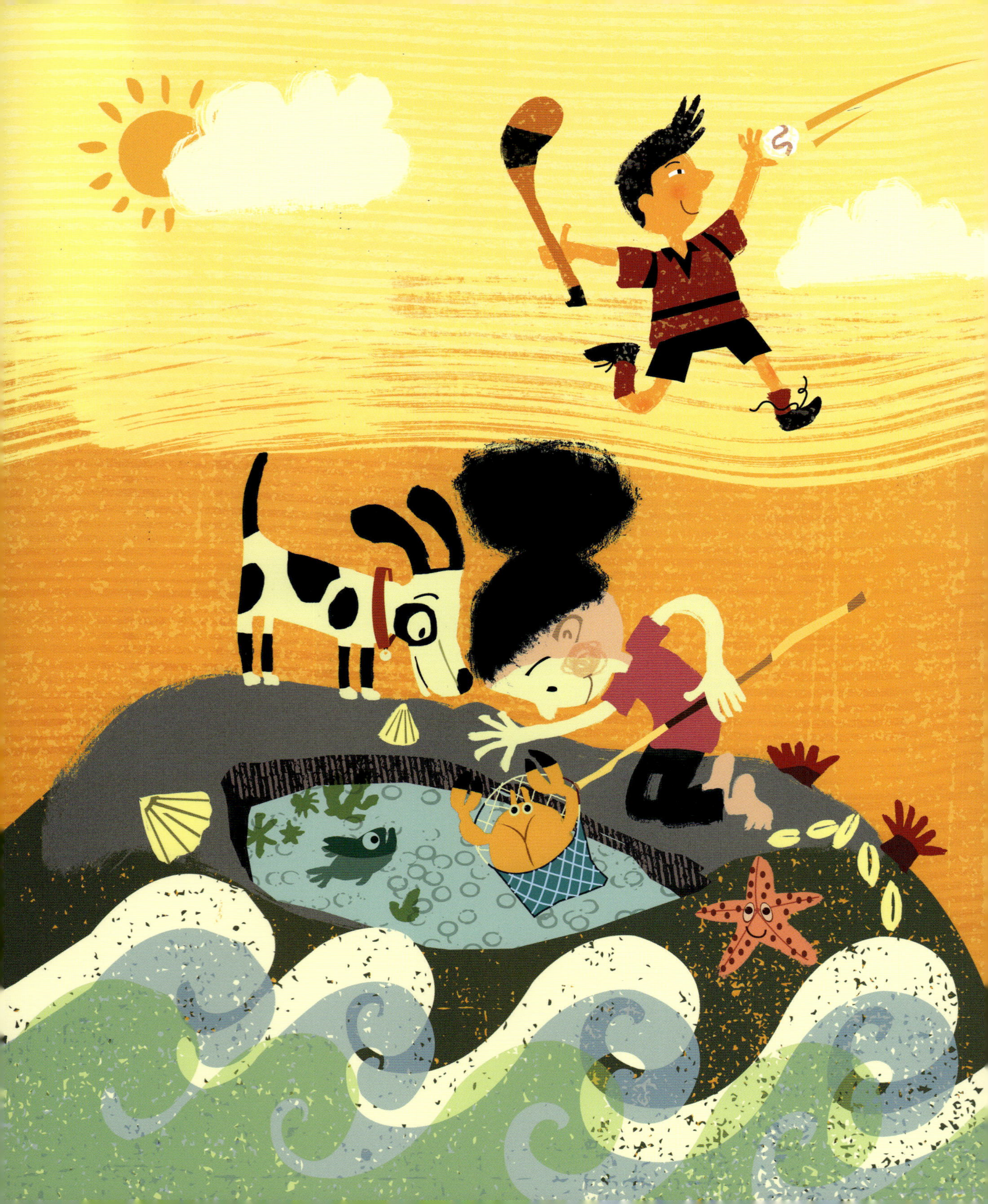

An Samhradh

Maisithe ag Brian Fitzgerald

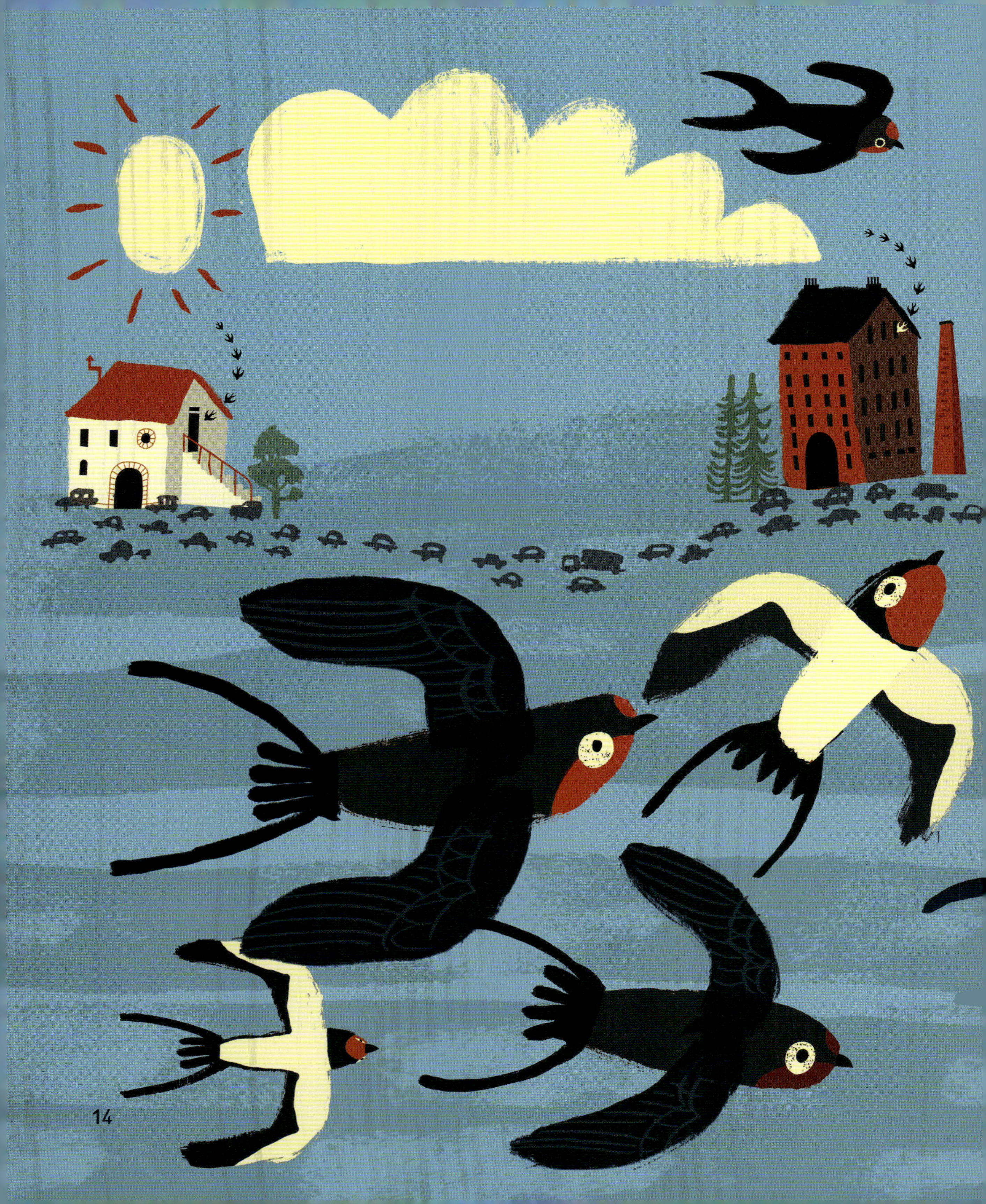

Fáinleog mé

Fáinleog mé ag eitilit san aer
Tháinig mé ón Afraic i gcéin
Ar ais arís chuig an seanscioból
Mar a rugadh mé go hóg

Ní raibh gá le mapa ná leabhar
Bhí eolas na slí agam de ghlanmheabhair
Seo an áit a thógfas me nead
Ar nós an chinn a thóg mo Dhaid

"A fháinleoga, seo é bhur gCaptaen ag labhairt
Ar thaobh na heite clé uainn, tá cósta na hÉireann le feiceáil
Tá súil agam gur thaitin an turas ón Afraic libh
Agus go mbeidh sibh ag eitilit liom arís sa bhFómhar"

Véarsa a 2 arís

Gorm Gorm Gorm

Gorm, gorm, gorm iad
An fharraige is an spéir
Seo linn chuig an gcladach síos
Ag spraoi is ag déanamh aeir

Tabhair dom tuáille,
Sluasaid is buicéad
Gorm, gorm, gorm iad
An fharraige is an spéir.

Sliogáin, portáin is caisleáin
Ar fud na trá
Bíonn an t-uisce fuar ar dtús
Ansin bíonn sé go breá.

Clúdaigh Daid le gaineamh
Dúiseoidh sé ar ball
Sliogáin, portáin is caisleáin
Ar fud na trá.

Véarsa a 2 arís

Ceol na Cuaiche

Tagann sí ar cuairt anseo sa samhradh
Canann sí ar feadh an lae
Tosaíonn sí ag ceol go moch ar maidin
Ar chuala tú inniu í nó inné?

Curfá

Cuc- cú, Cuc-cú
Sin ceol na cuaiche, díreach glan
Cuc-cú, Cuc-cú
Níl aici ach dhá nóta ina ceann

Tagann sí ar nead le héinín eile
Beireann sí a hubh go ciúin
Mar níl sí féin in ann aon nead a dhéanamh
Níl fhios aici tada ach cuc-cú!

Curfá

Níl aici ach dhá nóta
Níl aici ach dhá nóta
Níl aici ach dhá nóta ina ceann

Curfá

An Béar Bán Brónach

Istigh sa zú tá béar atá bán is brónach
Mar go bhfuil an ghrian go hard sa spéir
Tagann páistí ag ithe uachtar reoite
Ag breathnú air ar feadh an lae go léir

Curfá

Ó b'fhearr leis an mol thuaidh, fiú an mol theas
B'fhearr leis an sneachta crua ná an teas
Tá sé chomh huaigneach
Tá sé faoi bhrón
I bhfad óna mhuintir
In uachtar an domhain

Ní chaitheann éinne cóta teolaí
Nuair a bhíonn an lá chomh meirbh, te
Sin an fáth go bhfuil an béar chomh brónach
Ní féidir leis a chóta a bhaint de

Curfá (x 2)

22

Is Mise an Bheach

Nuair a bhíonn na páistí ar an gcladach
Ag tógáil caisleán is ag snámh
Nuair a bhíonn an domhan mór ar saoire
Bím amuigh ag obair, gach aon lá

Curfá

Is mise an bheach a dhéanann mil duit
Mil atá chomh blasta buí
Is mise an bheach a dhéanann mil duit
Mil a chuirfeadh áthas ar rí

Ar fud na bpáirceanna a imím
Ar feadh an tSamhraidh bhuí go léir
Éist go gcloisfidh tú an dordán
Sin an port a mbím ag ceol dom féin

Curfá

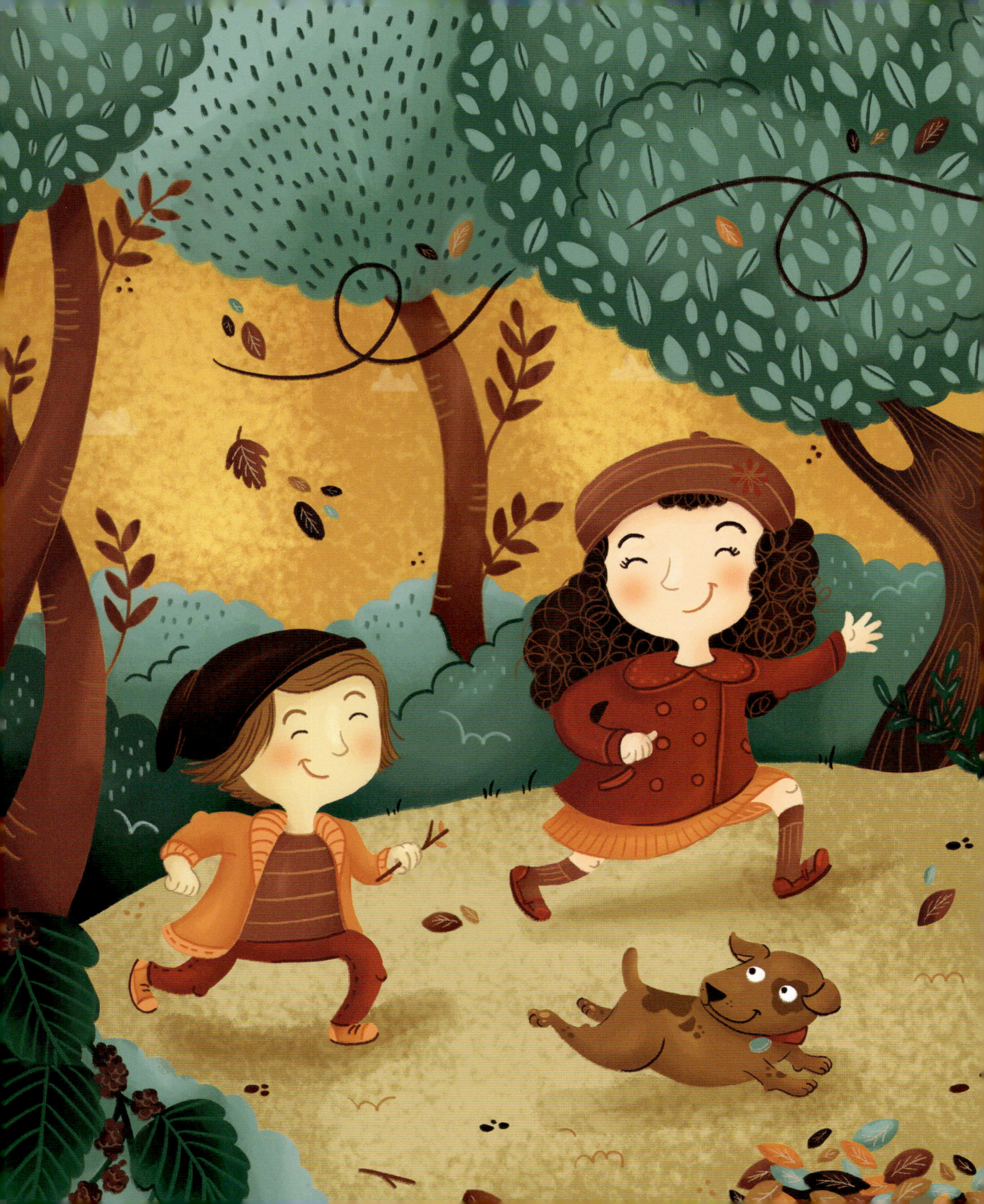

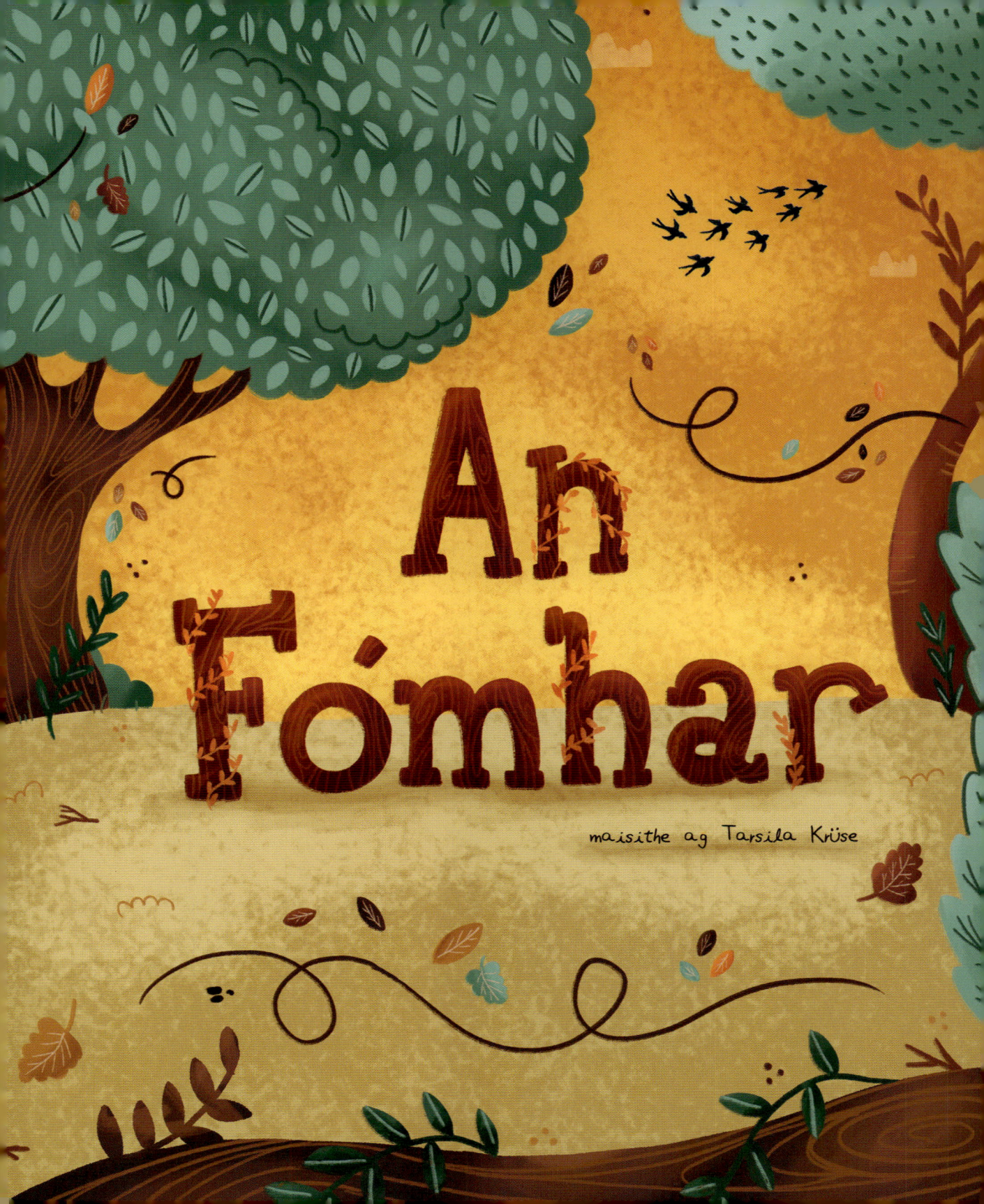

An Fómhar

maisithe ag Tarsila Krüse

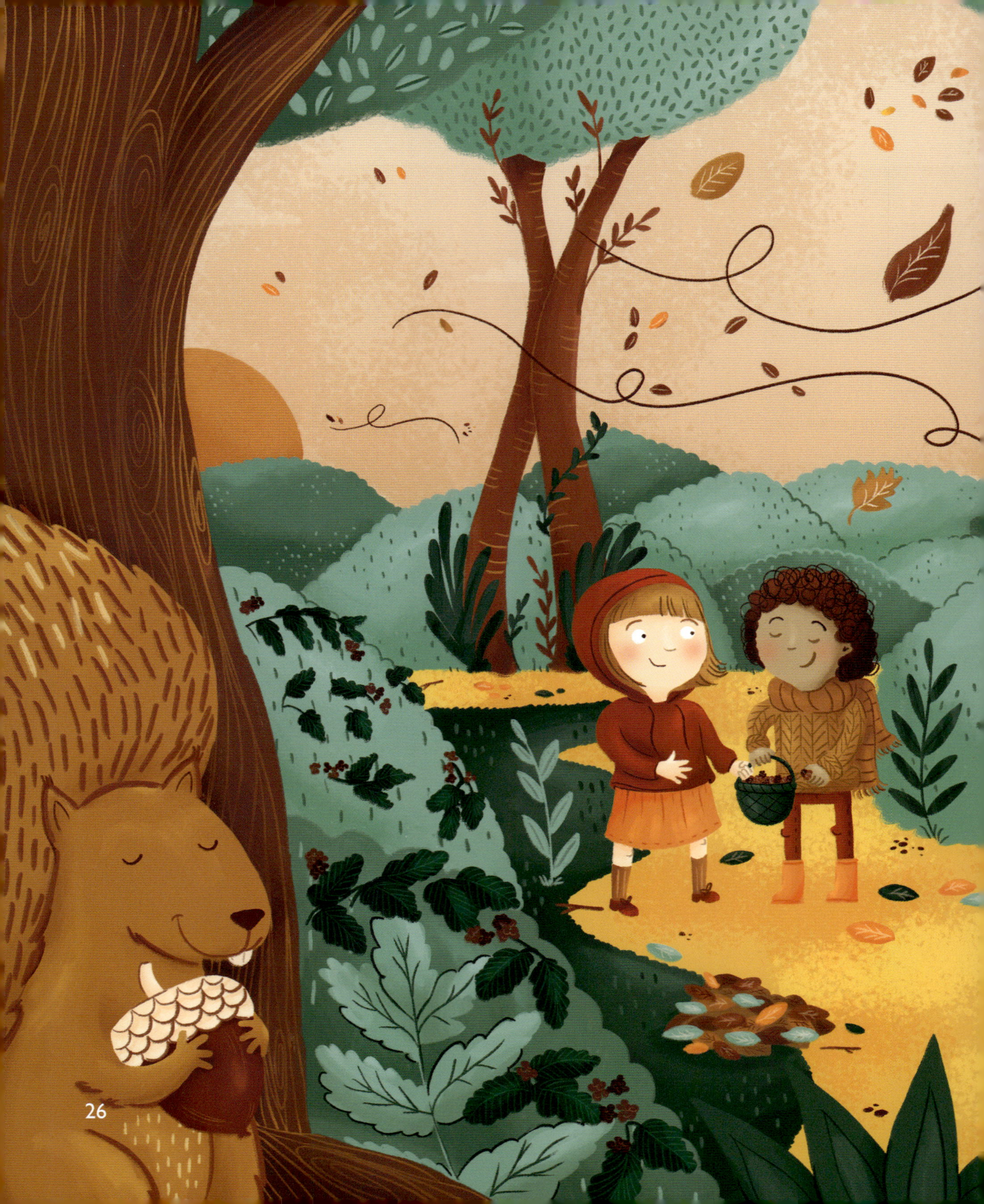

Válsa Fómhair

Páistí ag bailiú sméara dubh'
Fuadar mór faoin iora rua
Ar an talamh brat duilleog
Donn is buí is dath an óir

Tá an lá ag éirí gearr
Tá an oíche ag éirí fuar
Le gálaí gaoith' is báisteach throm
Is géaga crann ag éirí lom.

Véarsa a 2 arís

Ní Maith Liom an Scoil!

Is múinteoir mé atá faoi bhrón
Amárach an chéad lá de mhí Mheán Fómhair
Is beidh an scoil ag oscailt, och ochón!
Ó níl mé ag iarraidh dul ar scoil níos mó

Is múinteoir mé atá ag gol
Mar níl mé ag iarraidh dul ar scoil
Ó b'fhearr liom bheith ag súgradh ar an trá
Ag imirt peil' is ag féachaint ar na faoileáin

A Dhaidí, tá sé in am éirí, tá tú ag dul ar ais ar scoil inniu!
Ach níl mé ag iarraidh dul ar ais ar scoil.
Tá mé ag iarraidh dul amach ag spraoi!
Ó as ucht Dé ort, bíodh ciall agat. Is múinteoir thú!

Le lámha trasna agus lámha suas
Agus "féach a mhúinteoir, bróga nua!"
Cailc agus ceapairí agus mar sin de
Is múinteoir mé, ach ní maith liom an scoil!

Ní fhéadfaidh mé an iógart seo a thabhairt ar scoil!
Cén fáth a Dhaidí?
Iógart bándearg atá ann.
Ní itheann duine ar bith é sin!
Beidh na múinteoirí eile ag gáire fúm!
Éist anois liomsa tusa! Ní ag dul isteach sna naíonáin bheaga atá tú.
IS MÚINTEOIR THÚ!

Véarsa a 1 arís

Éist liom, éist liom, le do thoil
Is múinteoir mé ach ní maith liom an scoil
(X 2)
Éist leis, éist leis, le do thoil
Is múinteoir mé ach ní maith liom an scoil
(X 2)
Ní maith leis an scoil!
Ní maith liom an scoil!

An Afraic Ar Feadh Seal

Tá deireadh leis an Samhradh
Tá deireadh leis an teas
Tá fáinleoga ag réiteach
Don turas mór ó dheas
Chuig an áit a mbeidh sé te is geal
An Afraic ar feadh seal.

"Céad slán go fóill le hÉirinn
Is an nead inar tógadh mé"
Sin a deir na fáinleoga
Is iad ag dul i gcéin
Chuig an áit a mbeidh sé te is geal
An Afraic ar feadh seal

"A fháinleoga, seo é bhur gCaptaen ag labhairt libh.
Is gearr go mbeidh muid ag fágáil talamh na hÉireann
Le heitilt na mílte míle i gcéin
Ár gceann scríbe – Deisceart na hAfraice!"

Véarsa a 2 arís

Fáinleoga a bheas ag teacht
Ar ais arís chuig an seanscioból
Fáinleoga a bheas ag filleadh
Ar an áit inar rugadh iad go hóg
Fáinleoga a fhillfeas ar ais
Leis an Samhradh geal, leis an Samhradh geal
Fáinleoga a fhillfeas ar ais arís ar Éirinn ó.

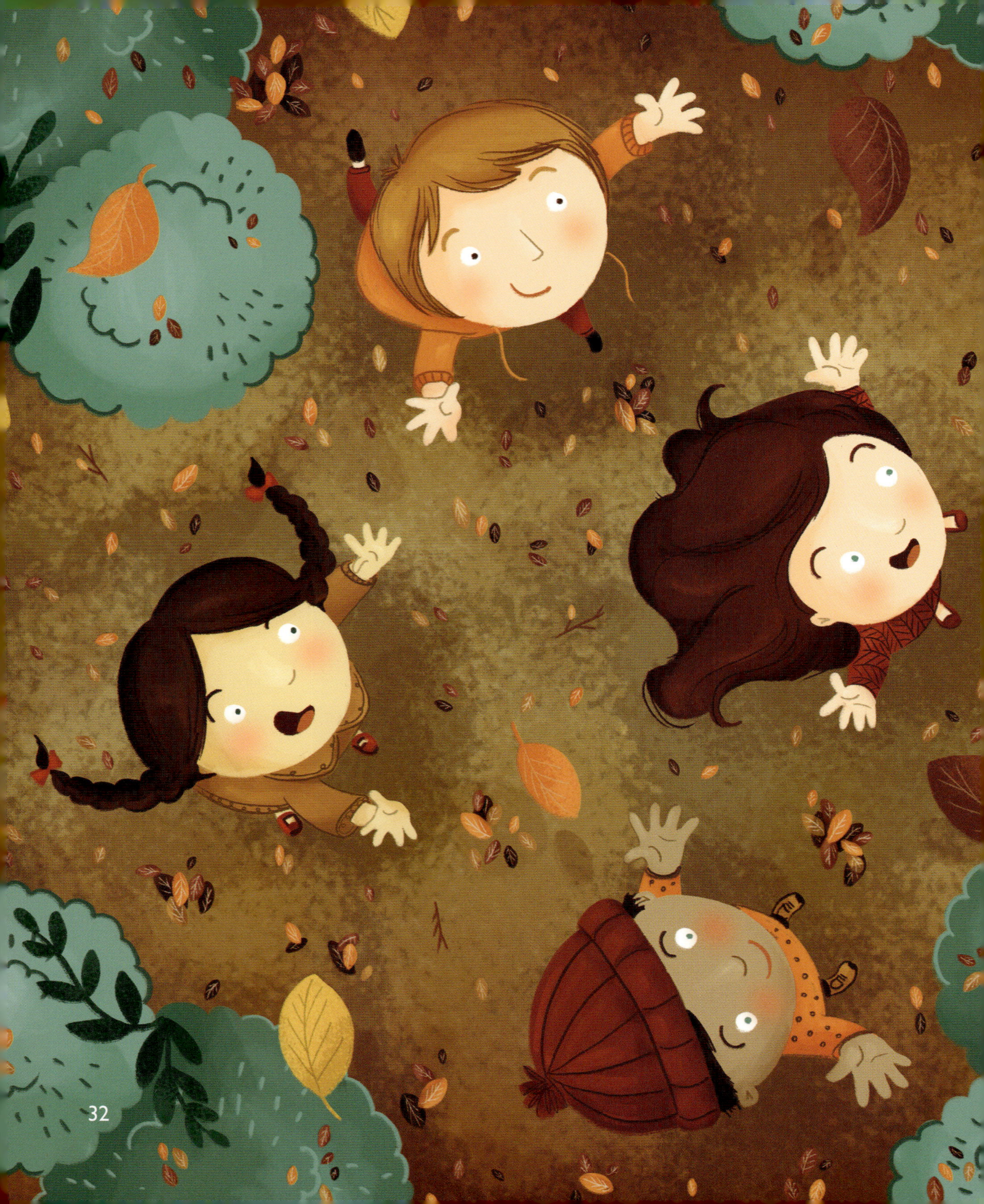

Beir ar an Duilleog

Duilleoga ag titim i mo thimpeall
Iad dearg agus buí is dath an óir
Líonann siad mo chroí istigh le gliondar
Tá an talamh faoi mo chosa clúdaith' leo

Curfá

Rith anois is beir ar an duilleog
Anois is í ag teacht anuas
Rith anois is beir ar an duilleog
Is ná tit ar do chluas, ná tit ar do chluas!

Tá an domhan ag casadh timpeall is timpeall
Tá bliain eile imithe go beo
Is breá liom laethanta an tsamhraidh
Is aoibhinn liom duilleoga an Fhómhair

Curfá

Tomás An tIora Rua

Mise Tomás an t-iora rua
Tá mé tar éis bheith ag obair go crua
Ag bailiú bia don Gheimhreadh atá romhainn
Anois isteach sa leaba liom
Mé féin is mo theidí beag donn
Ach níl aon chodladh tagtha orm mo bhrón

Curfá (x 2)

Comhairim caoirigh agus comhairim cnónna
Comhairim na ribí ar mo eireaball teolaí
Ach suan ná séan ní bhfuair mé féin go fóill
Suan ná séan ní bhfuair mé féin go fóill.

Ólaim muga seacláid the
Ithim cúpla cnó beag leis
Casaim fiche véarsa d'amhrán
Téim ar ais ar an leaba arís
Múchaim an solas is luím siar
Ach níl aon chodladh orm mo chreach is mo chrá

Curfá (x 2)

3,422 dearcán, 3,425 dearcán, 3,426 dearcán….

35

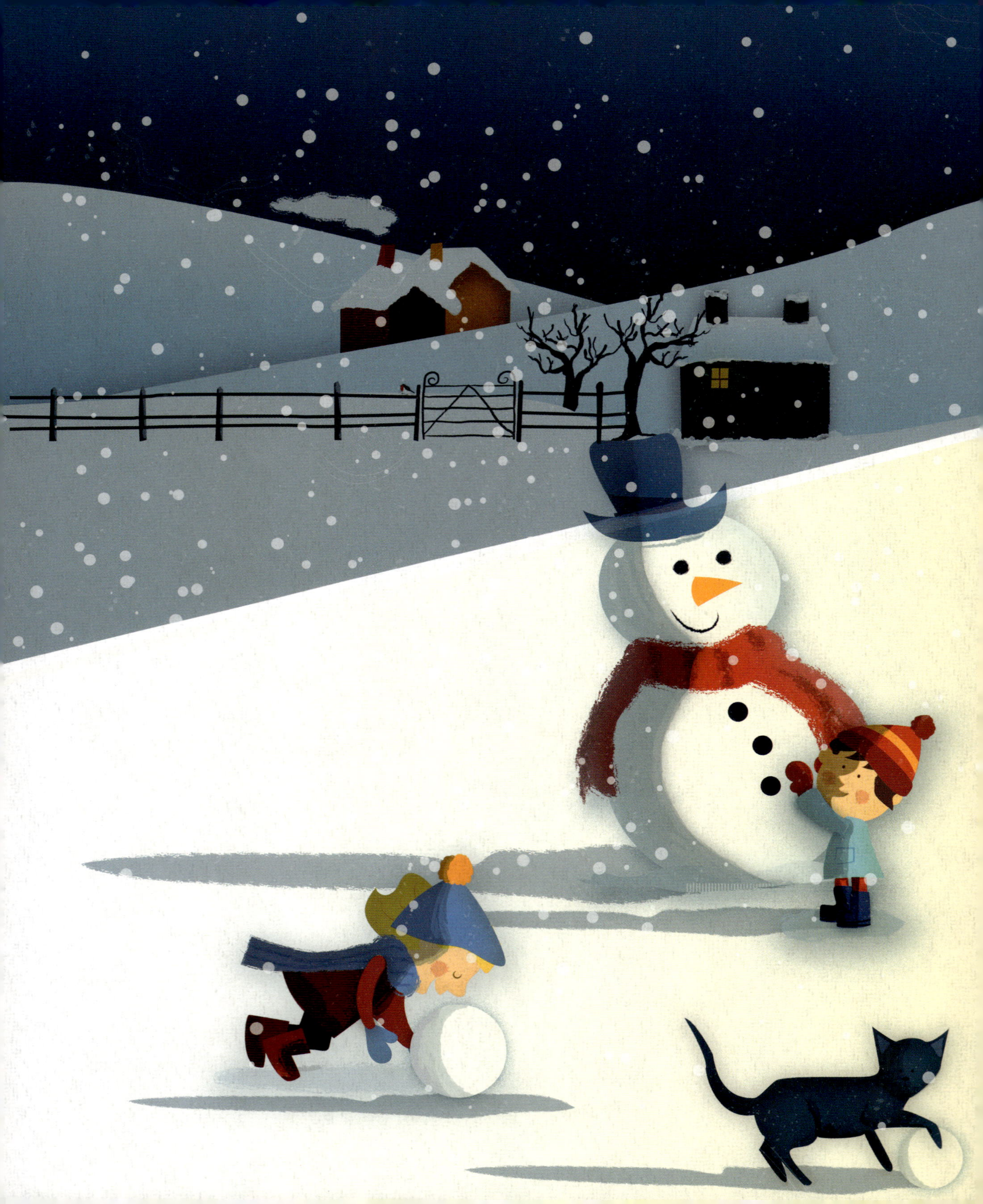

AN GEIMHREADH

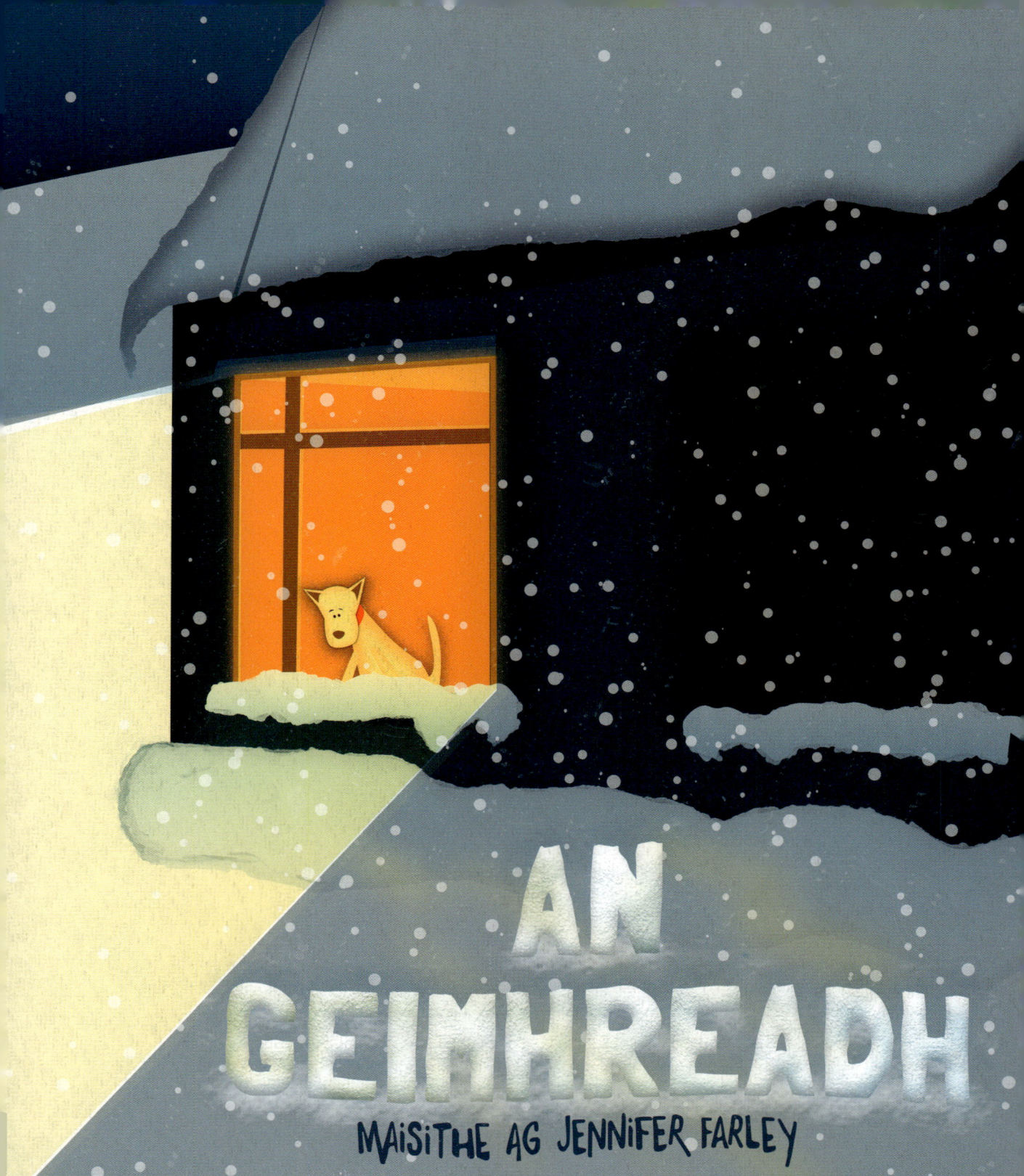

Maisithe ag Jennifer Farley

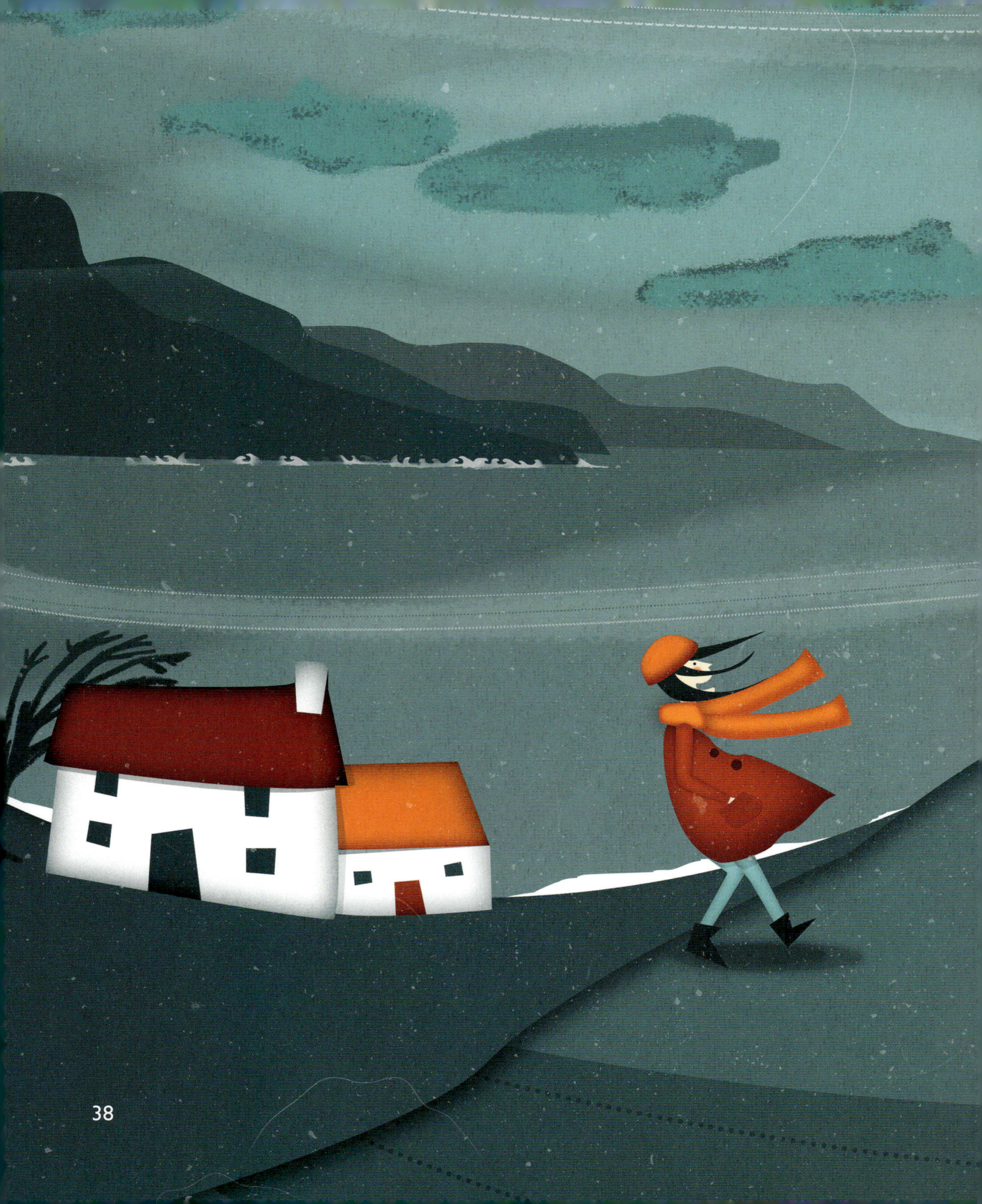

Ag Siúl

Tabhair dom mo hata, is mo dhá mhiotóg
Tabhair dom mo scaif is mo chóta mór
Is rachaidh mé féin is mo mhadra beag ag siúl

Tiocfaidh lá fliuch, tiocfaidh lá fuar
Tiocfaidh lá gaofar agus tiocfaidh lá crua
Rachaidh mé féin is mo mhadra beag ag siúl

Tá cóta mór ar mo mhadra beag
Ón lá a rugadh é
Tá cóta teolaí orm féin – seo linn, tá muid réidh!

Véarsa a 1 arís

Véarsa a 3 arís

Véarsa a 1 arís

Ná Dúisigí

Bhí an sioc aréir an-chrua
Tá sé feanntach fuar inniu
Seo é an lá don chóta mór
Seo é an lá don phéire miotóg

Tá an tír seo socair ciúin
Tá an crann amuigh faoi shuan
Mar a chéile an ghráinneoigín
Ina codladh de ló is d'oích'

Ach i dtír na mbrionglóidí
Tá an sionnach ag rith is ag spraoi
I bhfad i bhfad ón aimsir fhuar
Tá broc ag rás le hiora rua

A ainmhithe ná dúisigí
Seo é an t-am do na brionglóidí
Fanaigí in bhur gcodladh go fóill
Tá an Geimhreadh ag síneadh romhainn

41

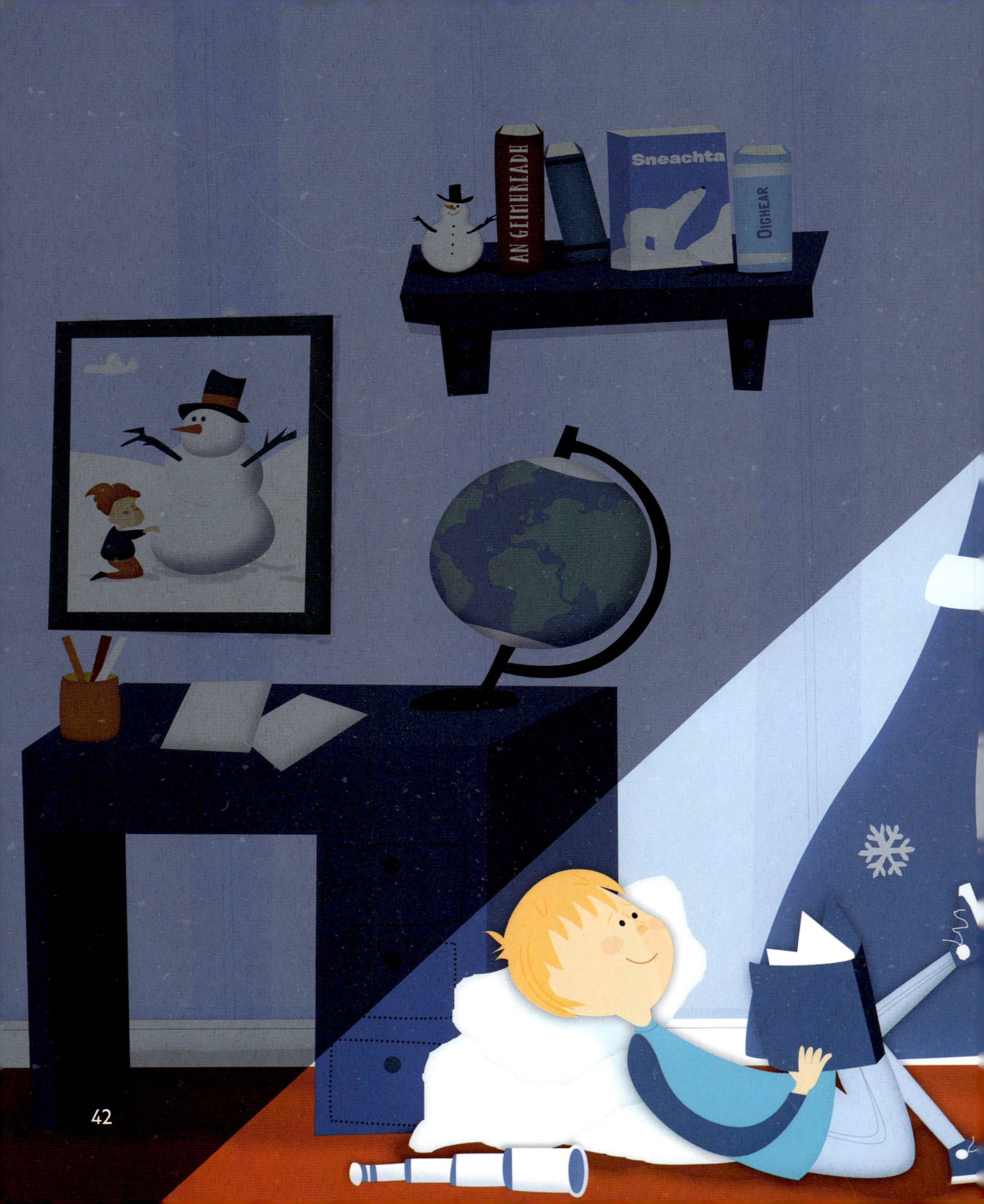
AN GEIMHREADH
Sneachta
OIGHEAR

Sneachta

Má bhíonn sneachta ann amárach
Beidh an domhan chomh fuar
Chomh fuar le huachtar reoite
Chomh fuar le ceann gan ghruaig

Curfá

Ó tagaigí anuas a chalóga sneachta
Tagaigí anuas go beo
Tagaigí anuas a chalóga sneachta
Titigí os mo chomhair

Má bhíonn sneachta ann amárach
Beidh an domhan chomh glan
Chomh glan le scilling nár caitheadh go fóill
Nó babaí sa bhfolcadán

Curfá

Má bhíonn sneachta ann amárach
Nach againn a bheidh an spraoi
Ag sleamhnú síos le fána
Ag caitheamh na liathróidí

Curfá (x 2)

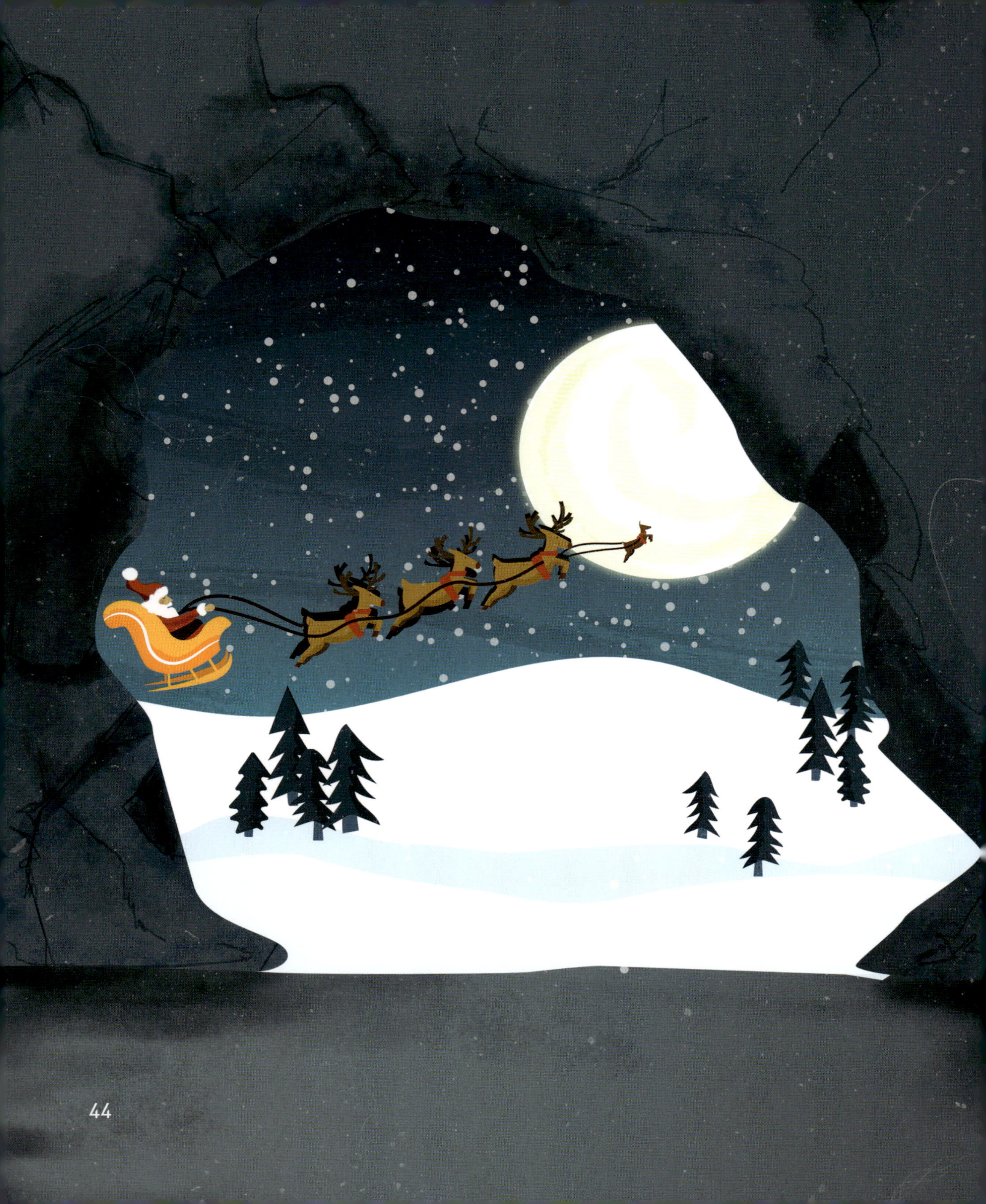

Nollaig Shona

"Seo leat a chodladh, Oisín,"
 Arsa an Mamaí fia
"Tá an Nollaig beagnach ann
 Seo leat, suas a luí."
"Níl mise ag dul a chodladh,"
 Arsa Oisín leis féin
"Beidh mé ag imeacht le Daidí na Nollag
 Ag eitilt tríd an aer!"

Curfá

 Seo é Oisín an fia beag
 Go hard sa spéir
 Nollaig Shona
 Nollaig Shona daoibh go léir

Tamall beag ina dhiaidh sin
Tháinig an Mamaí fia
Ag breathnú isteach ar Oisín
Go teolaí ina luí
Ach ina bhrionglóid bhí a maicín
I bhfad i bhfad i gcéin
É imithe le Daidí na Nollag
Ag eitilt tríd an aer

Curfá (x 2)

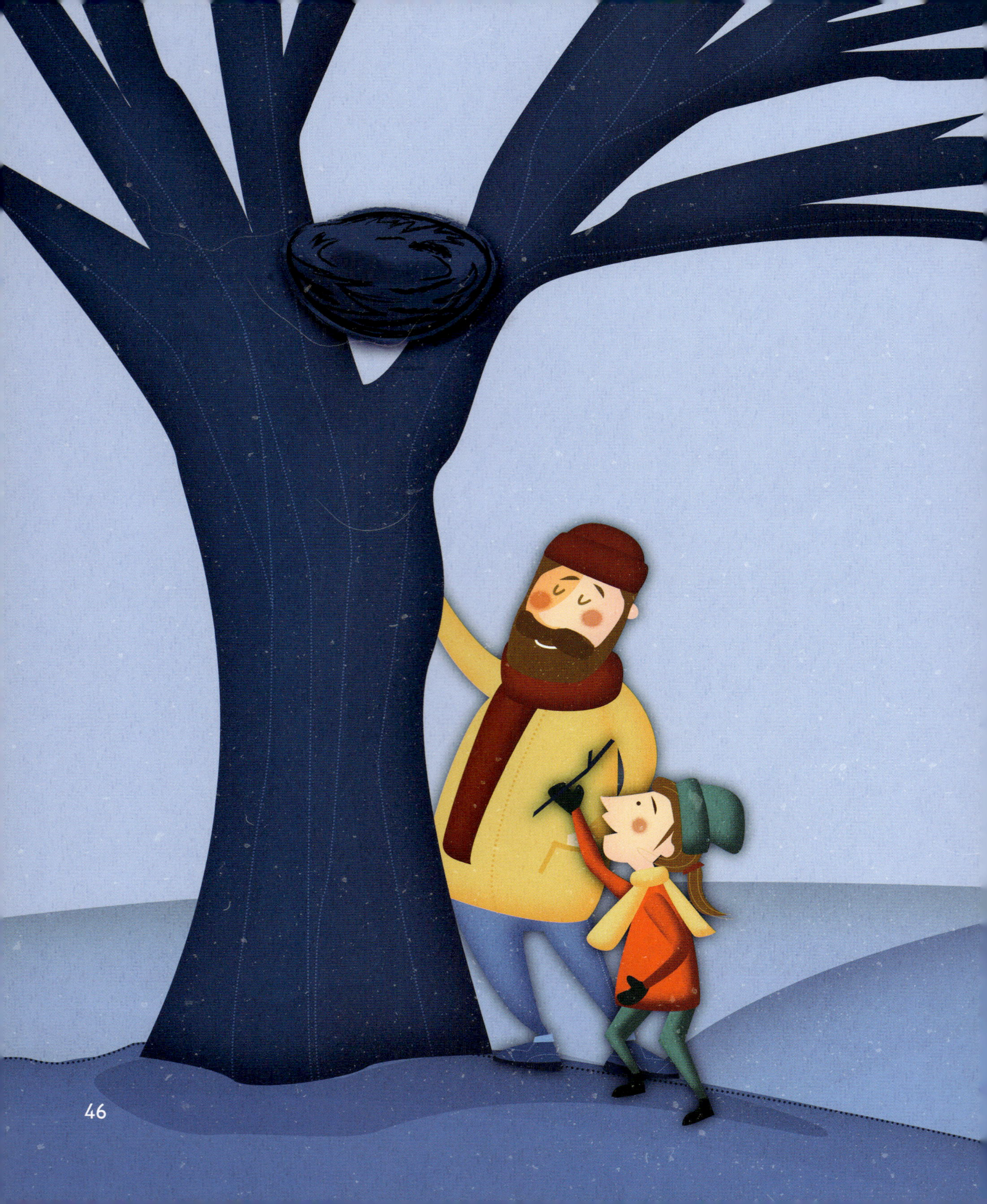

Imíonn an tAm

A Dhaid, arsa an cailín óg
Cén fáth nach bhfuil duilleog
Le feiceáil ar an gcrann níos mó?
Abair liom cén fáth.
Is ceist eile fós a Dhaid
Cén fáth go bhfuil an nead
I mbun an gharraí folamh fuar?
Abair liom cén fáth.

Curfá

Imíonn an t-am a stór
Casann an domhan mór
Geimhreadh, Earrach, Samhradh 's Fómhar
Imíonn an t-am

Sula ndeachaigh an crann a luí
Bhain sé dó na duilleogaí
Thit sé 'na chodladh ansin
Dúiseoidh sé ar ball
"Is beidh na héin ag tógáil tí
I mbun an gharraí arís
Nuair a bheas an lá níos teo
Beidh siad ann

Curfá (x 2)

1. **Síolta Beaga** (1'51")
   (lyrics & music: Tadhg Mac Dhonnagáin) Glórtha: Aoibhe Ní Chúláin, Iarla Ó Coirbín

2. **Cá Cá Cá** (2'39")
   (lyrics & music: Tadhg Mac Dhonnagáin) Glórtha: Tadhg, Caitlín Ní Chualáin, Dearbhail Nic Dhonncha

3. **Rince Rince Rince** (2'00")
   (lyrics & music: Tadhg Mac Dhonnagáin) Glór: Tadhg

4. **Péisteogaí** (2'49")
   (lyrics & music: Tadhg Mac Dhonnagáin) Glórtha: Caitlín Ní Chualáin

5. **Slán leis an Earrach** (3'49")
   (lyrics & music: Tadhg Mac Dhonnagáin) Glór: Tadhg, Róise Nic Dhonnagáin

6. **Fáinleog Mé** (2'03")
   (lyrics & music: Tadhg Mac Dhonnagáin) Glórtha: Tadhg, Caitlín Ní Chualáin

7. **Gorm Gorm Gorm** (2'10")
   (lyrics & music: Tadhg Mac Dhonnagáin) Glór: Cormac Ó Braonáin

8. **Ceol na Cuaiche** (2'22")
   (lyrics: Tadhg Mac Dhonnagáin, music: John Ryan) Glórtha: Sadhbh Laila Riggott, Éabha Ní Chonghaile, Neasa Nic Dhonncha

9. **An Béar Bán Brónach** (2'40")
   (lyrics & music: Tadhg Mac Dhonnagáin) Glórtha: Tadhg; Rang a Trí, Scoil Sailearna, Indreabhán

10. **Is mise an bheach** (3'46")
    (lyrics & music: Tadhg Mac Dhonnagáin) Glór: Tadhg

11. **Válsa Fómhair** (1'42")
    (lyrics & music: Tadhg Mac Dhonnagáin) Glór: Caitlín Ní Chualáin

12. **Ní maith liom an scoil!** (2'31")
    (lyrics & music: Tadhg Mac Dhonnagáin) Glórtha: Tadhg, Dearbhail Nic Dhonncha, Rang a Trí, Scoil Sailearna, Indreabhán

13. **An Afraic (ar feadh seal)** (2'37")
    (lyrics & music: Tadhg Mac Dhonnagáin) Glór: Caitlín Ní Chualáin

14. **Beir ar an Duilleog** (2'07")
    (lyrics: Tadhg Mac Dhonnagáin, music: John Ryan) Glórtha: Sadhbh Laila Riggott, Éabha Ní Chonghaile, Neasa Nic Dhonncha

15. **Tomás an tIora Rua** (3'07")
    (lyrics & music: Tadhg Mac Dhonnagáin) Glór: Tadhg

16. **Ag Siúl** (2'33")
    (lyrics: Tadhg Mac Dhonnagáin, music: John Ryan) Glór: Caitlín Ní Chualáin

17. **Ná Dúisigí** (2'24")
    (lyrics & music: Tadhg Mac Dhonnagáin) Glórtha: Tadhg, Róise Nic Dhonnagáin

18. **Sneachta** (2'59")
    (lyrics & music: Tadhg Mac Dhonnagáin) Glór: Iarfhlaith Canny

19. **Nollaig Shona** (2'16")
    (lyrics & music: Tadhg Mac Dhonnagáin) Glórtha: Caitlín Ní Chualáin, Iarla Ó Coirbín

20. **Imíonn an tAm** (3'48")
    (lyrics & music: Tadhg Mac Dhonnagáin) Glórtha: Róise Nic Dhonnagáin, Tadhg

Nótaí:

Lth 8–9: Déantar an focal 'péisteoga' a fhuaimniú mar 'péisteogaí' agus an focal 'sceallóga' a fhuaimhniú mar 'sceallógaí'. Is mar sin a deirtear iad i nGaeilge Chonnacht agus tá siad scríofa mar sin ar mhaithe leis an rím.

Lth 20–21: Déantar an focal 'crua' a fhuaimniú mar 'cruaidh' – is mar sin a deirtear é in áiteanna i gConnachta, ach 'crua' a scríobhtar.

Lth 38–39: 'Tabhair dom' a scríobhtar ach is minic a fhuaimnítear an dá fhocal mar 'T'rom' agus sin atá le cloisteáil ar an taifeadadh.

An Taifeadadh

Stiúradh na nglórtha: Tadhg Mac Dhonnagáin agus John Ryan
Máistriú: John Ryan
Taifeadadh, cumadóireacht, cóiriú, eagarthóireacht agus léiriú: John Ryan
Rinneadh an dlúthdhiosca seo a thaifeadadh i nGarraí Johnny Mhorgan, An Spidéal, sa Chrann Taca, Indreabhán agus i Stiúideo John Ryan, Cill Chainnigh, Bealtaine-Lúnasa 2016

Focal buíochais:

Thug go leor daoine cúnamh dúinn an leabhar agus an dlúthdhiosca seo a dhéanamh. Ba mhaith liom buíochas ó chroí a ghlacadh leo seo a leanas:
Foireann Scoil Sailearna, Indreabhán, go mór mór Fearghas Mac Lochlainn, Caitríona Ní Fhiannachta agus Clíona de Paor; tuismitheoirí na ngasúr ar oibrigh muid leo; Morgan Ó Conchúir agus foireann An Crann Taca, Indreabhán; na healaíontóirí iontacha, Christina, Brian, Tarsila agus Jennifer; Karen Carty in Anú Design; Nikki Ragsdale, faoin gcúnamh ar fad thar na blianta; Brenda, Sarah agus Jamie in O'Brien Press Sales; John, Alfie agus an fhoireann ar fad in Gill Books; na fonnadóirí óga, Aoibhe, Cormac, Dearbhail, Éabha, Iarla, Iarlaith, Neasa agus Sadhbh Laila; Caitlín don chomhoibriú ceolmhar agus don chúnamh croíúil le blianta anuas; Róise, mo chomhghleacaithe iontacha Tigh Futa Fata, Breda agus Gemma; agus seachas duine ar bith, don chumadóir cumasach, don cheoltóir críochnúil, don léiritheoir lánoilte, do mo sheanchara, John Ryan.

Mo cheol sibh go léir! Tadhg

Tadhg Mac Dhonnagáin
Is breá le Tadhg bheith ag scríobh scéalta, ag cumadh amhrán, ag casadh ceoil agus ag obair le daoine cruthaitheacha eile i saol na leabhar, an cheoil agus na teilifíse. Tá trí albam eile déanta do pháistí aige: an cnuasach amhrán nuachumtha Ceol na Mara agus an dá albam amhrán agus rannta traidisiúnta, Gugalaí Gug! agus Peigín Leitir Móir. Tá cónaí air sa Spidéal.

John Ryan
Tá a shaol caite ag John Ryan ag obair leis an gceol. An chéad ghrúpa ar chas sé leo ná Granny's Intentions (cuir ceist ar do Mhamó fúthu!). Ó shin i leith, d'oibrigh sé le go leor grúpaí eile. Cumann sé ceol do sheónna damhsa chomh maith agus do scannáin agus do chláracha teilifíse. Tá cónaí air i gcathair Chill Chainnigh.

Caitlín Ní Chualáin
Tá Caitlín Ní Chualáin ag canadh ó bhí sí ina cailín beag. Bhí a hathair, Máirtín Pheaits Ó Cualáin ina amhránaí iontach sean-nóis agus d'fhoghlaim sí go leor amhrán uaidh. I 2016, ag Oireachtas na Gaeilge, bhuaigh sí Corn Uí Riada, duais mhór na hamhránaíochta ar an sean-nós. Oibríonn sí mar láithreoir agus léiritheoir le Raidió na Gaeltachta agus tá cónaí uirthi in Indreabhán, Conamara.

Christina O'Donovan
Is as Baile Átha Cliath do Christina. Is aoibhinn léi ainmhithe a phéinteáil. Meascann sí péint uiscedhatha agus dúchanna go minic agus uaireanta déanann sí cuid den dathú ar an ríomhaire. Maisíonn sí leabhair, cártaí lá breithe agus póstaeir. Le gairid, tá sí ag obair ar chláracha beochana don teilifís chomh maith.

Brian Fitzgerald
Is breá le Brian bheith ag breathnú ar fheithidí lena ghloine mhéadaithe agus pictiúir a tharraingt díobh lena pheann luaidhe. Bíonn sé ag péintéireacht freisin agus is iomaí leabhar atá maisithe aige. Seo é an tríú ceann atá maisithe aige do Futa Fata. Tá a chuid pictiúir foilsithe i leabhair in Éirinn, sa Bhreatain, san Iodáil, sna Stáit Aontaithe, sa Fhrainc agus sa tSín.

Tarsila Krüse
Is aoibhinn le Tarsila pictiúir a tharraingt, go mór mór pictiúir de dhaoine, d'ainmhithe nó den nádúr. Is as an mBrasaíl ó dhúchas di ach, ar na saolta seo, tá cónaí uirthi féin, ar a fear céile agus ar a maicín óg i mBaile Átha Cliath. Roghnaíodh 'Ná Gabh ar Scoil!', an chéad leabhar a mhaisigh sí, mar cheann de na cinn is fearr in Éirinn i nGradaim Leabhar na Bliana CBI, 2016. Tá dhá mhadra aici atá an-ghreannmhar, agus nuair nach mbíonn sí ag déanamh pictiúir, is maith léi iad a thabhairt ag siúl cois farraige.

Jennifer Farley
Tá cónaí ar Jennifer Farley i gContae na hIarmhí ach is as Baile Átha Cliath di ó dhúchas. Tarraingíonn sí pictiúir le bheith foilsithe i leabhair, irisí agus ar shuíomhanna idirlín. Tá dhá mhadra aici féin agus ag a fear céile. Otto agus Knuckles is ainm dóibh agus tá siad lán de dhiabhlaíocht. Nuair a bhí sí beag, ba bhreá léi dul ag snámh san fharraige. Anois is breá léi pictiúir den fharraige a tharraingt.

If you enjoyed **Bliain na nAmhrán**, why not try these CD/books from Futa Fata!

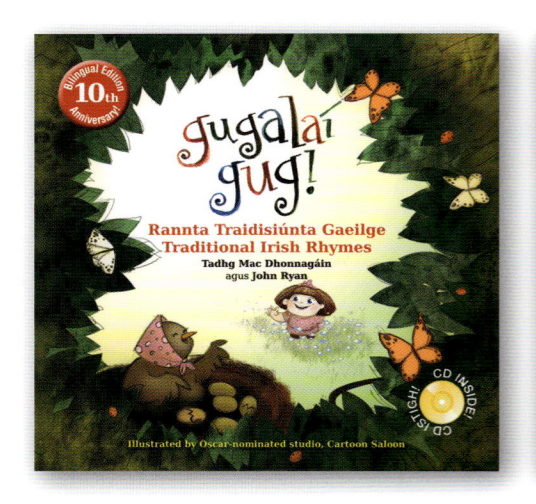

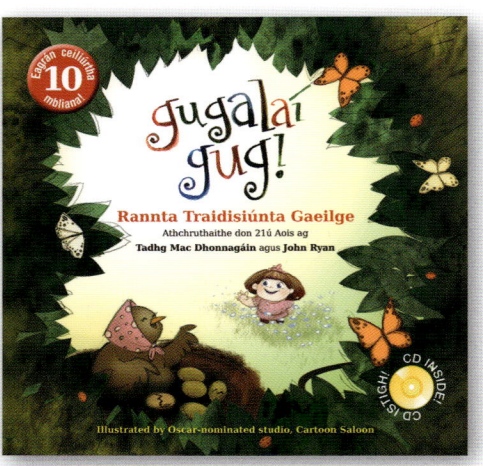

Gugalaí Gug! Special 10 year edition

Tadhg Mac Dhonnagáin and John Ryan

Artwork created by twice

Oscar-nominated animation/illustration studio, Cartoon Saloon!

Tá Gugalaí Gug! deich mbliana ar an saol agus leis an lá breithe a cheiliúradh, tá dhá eagrán nua ar fáil. Rannta, amhráin agus cluichí teanga ón seansaol, agus iad athchruthaithe do pháistí an 21ú haois.

Since it's original publication, thousands of children (and former children) have fallen for Gugalaí Gug! a classic collection of rhymes and songs from the Irish tradition. Featuring three generations of rhymers and singers from Conamara, these special ten-year anniversary editions feature a bigger, more beautiful full-colour hardback book as well as the original lavishly-produced audio CD.

'An Irish classic – every home should have one!' – Dáithí Ó Sé

Peigín Leitir Móir

Tuilleadh amhrán, rannta agus rabhlóga traidisiúnta ón bhfoireann a chuir Gugalaí Gug! in bhur láthair. Tá glórtha áille, idir shean agus óg, le cloisteáil ar an diosca agus cuireann pictiúir Cartoon Saloon go mór leis an taitneamh atá le baint as an mbailiúchán seoda ón traidisiún.

Another collection of treasures from the Irish tradition, including familiar classics such as 'Beidh Aonach Amárach i gContae an Chláir.' As well as the songs, there are rhymes, tongue-twisters and riddles that will enrich every child's enjoyment of our native language.